BÊTINET,

ou

PLUS DE PEUR QUE DE MAL.

BÊTINET,

OU

PLUS DE PEUR QUE DE MAL,

FOLIE-PANTOMIME

EN DEUX ACTES, MÊLÉE DE DANSES;

Par M. MILLOT;

MUSIQUE COMPOSÉE ET ARRANGÉE PAR M. QUAISAIN;

REPRÉSENTÉE, POUR LA PREMIÈRE FOIS, SUR LE THÉATRE DE L'AMBIGU-COMIQUE, LE 22 FÉVRIER 1816.

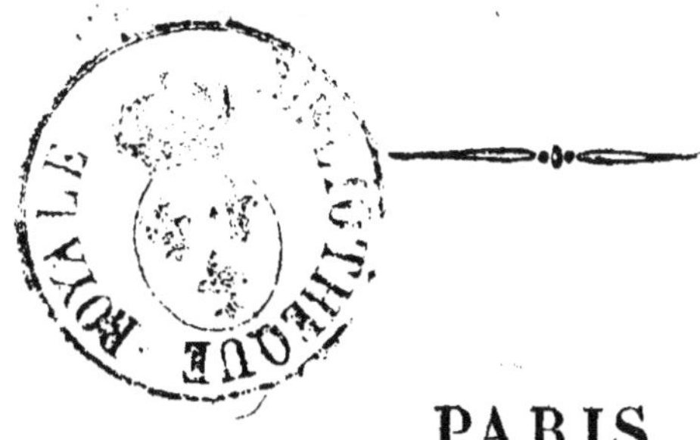

PARIS,

Chez FAGES, Libraire, au Magasin de Pièces de Théâtre, boulevart Saint-Martin, N°. 29, vis-à-vis la rue de Lancry.

1816.

PERSONNAGES.   *ACTEURS.*

PERSONNAGES.	ACTEURS.
MICHAUD, fermier.	M. Sallé.
ANDRÉ, son fils, jeune militaire. .	M. François.
SURET, vigneron.	M. Stokleit père.
THÉODINE, sa fille.	Mlle. Salmon.
COLIN, amant de Théodine.	M. Tiéry.
BÉTINET, neveu de Suret.	M. Millot.
MATHURINE, vieille paysanne. . .	Mme. Fresnoy.
GEORGETTE, sa fille aînée. . . .	Mlle. Adam.
DEUX AUTRES PETITS ENFANS.	
UN MAITRE D'ÉCOLE, *caricature.*	M. Brideron.
LAGOUGE, tourneur.	
UN NOTAIRE. . . . . }	M. Barthélemy.
UN PÊCHEUR. . . .	

Garçons de ferme, Villageois, Villageoises.

*La Scène se passe dans un village, à quelques
lieues de Paris.*

BÊTINET,

ou

PLUS DE PEUR QUE DE MAL,

FOLIE-PANTOMIME.

ACTE PREMIER.

Le Théâtre représente une place publique; au premier plan, à droite de l'acteur, la maison d'un vigneron; au deuxième plan, à gauche de l'acteur, une autre maison; au cinquième plan, à droite, une boutique, sur laquelle on lit: LAGOUGE, TOURNEUR; *au quatrième plan, à gauche, un clocher; au fond du Théâtre, une espèce de hangard, servant de classe d'enfans, sur lequel on lit:* MARTINET, MAITRE D'ECOLE.

SCENE PREMIERE.

Au lever du rideau, Lagouge accroche, sur la devanture de sa boutique, un rouet, une petite chaise d'enfant et une jambe de bois; au fond du théâtre, on voit dans la salle de l'école des enfans qui sont assis sur un banc; leur maître est placé au milieu d'eux, et indique à un petit garçon qui est en pénitence, de retourner à sa place.

SCENE II.

Bêtinet sort de chez son oncle pour se rendre à l'école; le maître l'aperçoit, l'appéle vivement. Bêtinet court se placer à la table où sont tous les enfans. Suret et plusieurs hommes roulent des tonneaux, qu'ils placent le long de sa maison.

SCENE III.

Michaud sort de chez lui, donne la main à Suret, qui lui propose de boire une goulte. Pendant qu'ils causent, Théodine paraît à sa fenêtre, en évitant d'être vue de son père : Colin, qui est au fond du théâtre, lui exprime son amour, pendant que Michaud et Suret entrent dans la maison. Théodine fait signe à son amant qu'elle va descendre.

(On entend le son d'une cloche qui annonce l'heure de la messe:)

Le maître d'école fait mettre deux par deux tous ses élèves, et leur fait signe d'entrer dans l'église. Bêtinet est du nombre.

SCENE IV.

Théodine sort de chez elle, cherche son amant, qui se cache aussitôt. Théodine commence à se fâcher ; mais bientôt ils se réunissent et dansent tous deux.

SCENE V.

Michaud et Suret sortent de la maison. Ce dernier aperçoit Colin qui danse avec sa fille : il leur fait des menaces et veut courir après Colin ;

mais Michaud le retient aussitôt: Un garçon de ferme apporte une lettre à Michaud, qui s'empresse de la lire; elle est de son fils. Il lui apprend qu'il vient d'obtenir son congé, et que, dans quelques heures, il jouira du plaisir d'embrasser son père. Michaud dit à son garçon de ferme de faire venir tous les villageois, pour leur apprendre cette heureuse nouvelle. Michaud revient près de Suret, pour lui montrer la lettre qu'il vient de recevoir. Théodine, qui sait que les deux pères sont d'accord pour l'unir à André, s'il peut obtenir son congé, commence à avoir de l'inquiétude.

SCENE VI.

Les villageois, villageoises et garçons de ferme arrivent. Michaud leur annonce la prochaine arrivée d'André, son fils. A cet effet, il leur donne repos pour quelques heures. Tous les villageois le remercient et dansent. — *Ballet.*

SCENE VII.

Colin qui ne fait que d'arriver, ne comprend rien à cette joie subite, excepté Théodine qui paraît triste. Colin, en cachette de son père, demande à Théodine la cause de son chagrin; elle lui dit que, bientôt, elle verra arriver celui qu'on lui destine pour époux. Colin se désespère, Théodine cherche à le rassurer. (*On entend du bruit.*) La danse cesse. Plus de doute, c'est André qui arrive. Une partie des villageois va à sa rencontre, pendant que l'autre fait un mouvement pour recevoir André.

SCENE VIII.

André arrive, entouré des villageois et villageoises : il court dans les bras de son père, qui ne peut se lasser de le serrer contre son cœur. André embrasse Suret, qui lui présente aussitôt sa fille, en lui faisant signe de faire la révérence. André la trouve charmante : Bétinet passe devant tout le monde, et demande à André la permission de l'embrasser. André y consent ; mais il le serre tellement fort, qu'il s'en éloigne en se plaignant. Tout le monde rit de ce nigaud. Michaud dit aux villageois que son fils a besoin de se reposer un moment ; il les engage à se retirer. Michaud et André entrent chez eux ; Suret, Bétinet et Théodine en font autant. Les villageois et villageoises sortent, en dansant et regardant Michaud et André.

SCENE IX.

Tous les enfans reviennent en scène, ainsi que leur maître qui leur dit de rentrer chez eux. Les enfans sautent de joie ; plusieurs courent les uns après les autres autour du maître, qui se trouve heurté et prêt à tomber à terre. Il se fâche contre les enfans, qui finissent par se disperser de différens côtés. Le maître n'a que le temps de rentrer chez lui, pour éviter de recevoir quelques mauvais coups.

SCENE X.

André sort, avec précaution, de la maison de son père ; il vient pour tâcher de voir Théodine, qu'il trouve charmante. Suret et son père sont d'accord pour les unir : il est au comble de la joie.

SCENE XI.

Justement, Théodine sort de la maison ; il court aussitôt à elle, et lui exprime le plaisir qu'il éprouve en se rapprochant d'elle, et se félicite d'être bientôt son époux. Théodine verse des larmes, et ne sait comment lui faire l'aveu de son amour pour Colin ; cependant, d'après les instances d'André qui désire connaître la cause de son chagrin, elle lui fait entendre la douleur qu'elle éprouve, de ne pouvoir répondre à l'amour qu'elle a su lui inspirer. André reste interdit ; Théodine se jette à ses genoux, qu'elle arrose de ses larmes. Colin qui est au fond du théâtre, et témoin de cet entretien, court près d'André et mêle ses prières à celles de son amante, qui engage ce bon jeune homme à ne pas persister dans ce projet d'hymen qui ferait leur malheur. Colin presse André contre son cœur ; Théodine, fondant en larmes, est immobile à ses genoux et attend tout de son bon cœur. Cette scène touchante attendrit André qui se surprend à pleurer ; il relève Théodine et Colin, et leur dit de se rassurer, quoiqu'il lui en coûte beaucoup de céder une aussi jolie personne. Il sent toute l'importance qui pourrait en résulter, en épousant une femme dont le cœur ne saurait parler pour lui. André rentre chez lui, en leur promettant de faire tout pour leur bonheur. Les deux amans sont d'une joie extrême ; ils oublient que le père de Théodine peut les surprendre d'un instant à l'autre ; et qu'alors ils seraient forcés de se séparer pour ne pas se revoir de sitôt.

SCENE XII.

Précisément, Suret sort de chez lui, et voit Colin qui embrasse sa fille. Colin se sauve à la vue de celui qu'il voudrait nommer son père. Suret fait rentrer sa fille, en lui faisant des menaces.

SCENE XIII.

Michaud et André sortent de chez eux ; ils demandent à Suret le sujet de sa colère. Il répond qu'il vient de surprendre Colin qui embrassait sa fille. Michaud et André qui en savent plus que lui, rient de l'humeur de Suret qui dit à André de ne pas, pour cela, se chagriner, et qu'il peut toujours compter sur le prochain mariage de sa fille avec lui. André dit à Suret que n'étant pas aimé de sa fille, il ne peut consentir à cet hymen. Suret paraît surpris de cette réponse.

« Pendant cette scène, Colin reparaît au » fond ; il est témoin de tout ce qui se passe, » ainsi que Théodine qui, de sa fenêtre, a » tout entendu. Colin fait signe à Théodine » de descendre et de tâcher d'attendrir son » père. » André va prendre Colin par la main, et lui dit de tomber aux genoux de Suret ; Théodine en fait autant. (*Tableau.*) Suret, loin de se laisser attendrir, chasse Colin, et lui défend de jamais se présenter devant lui. André mêle ses prières à celles des deux amans ; Colin se fâche et fait des menaces à Suret, et lui dit qu'il sera forcé, malgré lui, de lui donner sa fille en mariage; qu'à cet effet, il va employer tous les moyens pour réussir. Suret qui est courroucé, entre chez lui en faisant passer sa fille la première. Michaud rentre chez lui. André rassure Colin, et lui dit que tout espoir n'est pas perdu. La ruse peut les faire parvenir au but auquel ils désirent arriver. André imagine un moyen de faire trouver Colin près de son amante, sans craindre d'être repoussé du père ; il dit à Colin qu'il a, dans son sac, un uniforme qu'il portait dans le régiment où il servait primitivement. En venant chez Michaud, comme soldat et ami d'André, il lui sera facile de parler, même à Suret, sans qu'il puisse soupçonner que ce soit cet homme qui vient d'être chassé de sa présence. André aperçoit une jambe de bois qui est sur la devanture de la boutique du tourneur. Colin, en la mettant, sera, dit-il, méconnaissable à tous les yeux. Colin va la demander au tourneur, qui refuse d'abord, et croit qu'on veut se moquer de lui; mais André lui montre une pièce de monnaie. Alors cet homme livre la jambe de bois. André remet à Colin son sac, et lui dit d'aller s'affubler de cet habit. (*Il sort.*) André rit du projet extravagant qu'il vient d'imaginer.

SCENE XV.

Michaud et plusieurs garçons de ferme arrivent. Michaud leur dit de porter au moulin les sacs de grain qui sont devant sa maison. Suret vient goûter le vin qui est dans les tonneaux qui sont le long de sa porte. Lorsque

les hommes de la ferme sont chargés, ils sortent.
Michaud et André, avant de partir, disent
adieu à Suret.

SCENE XVI.

Suret paraît triste, sa fille ne cesse de verser
des larmes; cependant Colin n'ayant pas de
fortune, il ne peut se décider à les unir.

SCENE XVII.

Colin déguisé, et André, se montrent dans le
fond. Voilà le moment favorable de se présenter
devant Suret; André s'éloigne. Suret apperçoit
un soldat qui a l'air de chercher quelque chose.
Cet homme lui inspire de la confiance; il va droit
à lui, et demande s'il peut lui être utile. Le
soldat lui montre un papier : Suret, n'ayant pas
ses lunettes, ne peut rien déchifrer, mais il lui
montre sa maison, et lui dit qu'il va revenir dans
un moment. (*Il entre*). Pendant ce temps, les
deux amis se réunissent; ils regardent à la fenêtre
de Théodine, l'appèlent, mais inutilement. André disparaît en voyant revenir Suret, qui pose
ses lunettes, et lit l'adresse qui est sur le papier:
il montre au soldat que c'est en face de sa maison
qu'il a affaire, et lui dit qu'il n'y a personne.
Suret, qui prend part au malheur de ce pauvre
homme infirme, lui propose de boire un coup
avec lui : le soldat ne demande pas mieux, et lui
présente même de l'argent, que Suret refuse.
Suret appèle son neveu.

SCENE XVIII.

Bêtinet ouvre la porte : son oncle lui dit d'ap-
orter de quoi boire. Pendant ce temps, Suret

prend le sac du soldat, et le met dans la maison. Bêtinet apporte une table, deux chaises dessus, une cruche et deux gobelets; tout occupé de regarder le soldat, il fait tomber, avec les chaises, la cruche et les gobelets. Théodine arrive au bruit qu'elle vient d'entendre; pendant que son père se baisse pour ramasser les gobelets, Colin prend la main de Théodine, et se fait reconnaître. Théodine est d'une joie extrême; elle s'empresse de courir dans la maison, pour chercher quelque chose. Bêtinet, qui apporte du raisin dans une assiette, se trouve heurté par Théodine, qui vient devant lui en regardant de l'autre côté. Bêtinet laisse tomber l'assiette; son oncle veut courir après ce mal-adroit, qui rentre aussitôt en lui poussant la porte au nez, ce qui favorise les deux amans à se parler. Bientôt tout est réparé; Suret et le soldat se mettent à table; Théodine leur verse à boire. Suret dit à sa fille de danser, pendant qu'ils mangeront. Elle ne se fait pas prier; mais elle est bientôt obligée de cesser. Le ciel s'obscursit; un orage se prépare, la pluie commence à tomber; ils n'ont que le temps de rentrer tous les trois dans la maison.

SCENE XIX.

Bêtinet vient pour enlever la table et tout ce qui est dessus. L'orage qui se prépare le fait trembler; il n'ose plus ni avancer ni reculer. Un coup de tonnerre qui se fait entendre est tellement fort, que le pauvre garçon tombe à terre, et reste immobile.

SCENE XX.

Quelques villageois et villageoises traversent vivement le théâtre, comme des gens qui ont peur de l'orage. Plusieurs d'entre eux s'arrêtent devant la porte de Suret, chez lequel ils veulent entrer pour se garantir de la pluie. En voulant entrer, ils attrapent Bêtinet, qui est étendu à terre ; ils se hâtent de frapper à la porte de Suret, qui sort aussitôt, et reconnaît son pauvre neveu qu'il croit mort. Il appelle sa fille.

SCENE XXI.

Théodine arrive, ainsi que le soldat. On relève Bêtinet. Peu à peu il revient à lui ; mais il a les yeux un peu hagards.

SCENE XXII.

Quelques villageois arrivent en courant; ils disent à Suret que le tonnerre vient de tomber non loin de chez eux. Tous les autres, ainsi que le curieux de Suret, veulent aller voir les ravages causés par le tonnerre. Théodine, Bêtinet et le soldat, rentrent dans la maison. Suret et les villageois sortent vivement.

SCENE XXIII.

Théodine ouvre sa porte avec précaution ; Colin ose à peine se montrer, jusqu'à ce que son amante se soit bien assurée qu'ils sont seuls. Colin, ne voyant personne, ôte la jambe de bois et la pose toute droite devant la maison. Les deux amans sont tristes, et ne savent comment tout cela finira ; ils s'abandonnent à la Providence ; ils se livrent à la joie et dansent gaiement.

CENE XXIV.

Bêtinet, qui ne sait où sont passés Théodine et le soldat, ouvre la porte pour les chercher. Il est bien étonné de voir danser le soldat, qui n'a plus de jambe de bois, avec la fille de son oncle. Ne voyant pas la jambe qui est à sa droite, il la fait tomber; ce qui fait apercevoir aux deux autres qu'ils sont surpris. Bêtinet lui fait des menaces, et se propose de tout dire à son oncle. « Colin ramasse la jambe, le bâton, et veut » rentrer dans la maison. Bêtinet l'en empêche; » Colin feint de s'en aller d'un autre côté. Au » moment où Bêtinet est prêt à fermer la porte, » Théodine le tire par son habit, le fait reculer » jusqu'à l'autre bout du théâtre. Pendant ce » temps, Colin rentre vivement dans la maison. » Bêtinet, qui se débarrasse des mains de Théo-» dine, va fermer la porte et en prend la clef. »

SCENE XXV.

Suret arrive. Bêtinet, tout effrayé, va lui raconter ce qui s'est passé pendant son absence. Suret demande à sa fille si ce qu'il dit est vrai. Elle répond qu'il a probablement perdu la tête; car tout ce qu'il avance est faux. Bêtinet s'obstine à dire que le soldat n'est plus dans la maison. Il donne la clef à son oncle, et lui dit de se convaincre de la vérité qu'il annonce.

SCENE XXVI.

Suret ouvre la porte. Bêtinet reste confondu, en voyant le soldat qui se trouve nez à nez devant son oncle, qui commence à croire que son neveu a perdu la raison. Bêtinet va regarder de près le soldat ; il s'aperçoit que la jambe de bois qu'il avait à droite, est à gauche ; il prend avec mystère le bras de son oncle, l'emmène à l'autre bout du théâtre, et lui dit que la jambe de bois du soldat n'est plus à droite. Colin, qui s'aperçoit de sa méprise, la remet vivement à la jambe primitive. Suret regarde, ainsi que Bêtinet qui reste stupéfait. Pour le coup, l'oncle le croit fou. Bêtinet redouble de colère, et soutient qu'il a dit la vérité. Théodine et le soldat feignent d'en avoir peur, et s'éloignent de lui. Son oncle en fait autant. Bêtinet, qui voit que personne n'ose l'approcher, reste immobile au milieu du théâtre.

(On entend du bruit.)

SCENE XXVII et dernière.

Les précédens, MICHAUD, ANDRÉ, villageois et villageoises.

Michaud, André, quelques garçons de ferme, plusieurs villageois et villageoises entrent. Suret les conjure de prendre intérêt à son pauvre neveu. Les hommes de la ferme le saisissent. Michaud, qui n'ose l'approcher, cherche à rentrer chez lui. Son fils et le soldat le retiennent près de sa porte. Suret fait rentrer sa fille, qui se montre aussitôt à la fenêtre, et supplie son amant de veiller sur son pauvre cousin. Suret reste sur sa porte, entouré de quelques villageoises, et Bêtinet est au milieu du théâtre, tenu par les hommes de la ferme et les villageois.

(Tableau.)

FIN DU PREMIER ACTE.

ACTE SECOND.

*Le théâtre représente l'intérieur d'une chau-
mière ; à la droite de l'acteur, au premier
plan, une cheminée ; à la gauche de cette
cheminée, une huche ; à la gauche de l'acteur, au premier plan, une porte par laquelle on pénètre dans une autre chambre ;
au-dessus de cette porte, un œil de bœuf.
Sur le théâtre, une table et deux chaises. Le
fond de la chaumière n'est fermé que par
une espèce de haie d'échalats, de la hauteur
de trois pieds. Dans le fond, on découvre,
à la droite de l'acteur, un moulin, tenant à
un pont qui traverse le théâtre.*

SCENE PREMIERE. —

Au lever du rideau, Mathurine est assise à côté
de la table ; elle travaille à son rouet. De l'autre
côté de cette table, Georgette, sa fille aînée, est
occupée à lire. Sur la table est assis un petit enfant, qui écoute la lecture de Georgette. A côté
de la cheminée, un petit garçon est assis sur un
banc de bois ; il mange et joue aux cartes.

SCENE II.

Au fond on voit un homme qui pêche de dessus le pont.

SCENE III.

Un homme sort du moulin, reste sur la pointe du pont, et s'occupe à vanner du grain.

SCENE IV.

Bêtinet, qui s'est échappé des mains de ceux qui le tenaient, traverse vivement le pont, fait tomber l'homme qui travaille. Bêtinet, apercevant du monde dans la chaumière, s'empresse d'y courir, dans l'intention de se soustraire aux yeux de ceux qui le poursuivent. Mathurine et Georgette, qui ont peur de cet homme, rentrent promptement dans la chambre voisine. Bêtinet veut y entrer avec elles ; mais la porte se trouve fermée aussitôt. Il cherche partout un endroit pour se cacher ; il court à la huche, mais il ne peut l'ouvrir ; il regarde la cheminée, et se décide à s'y fourrer. Entendant du bruit, il entre dedans et disparaît.

SCENE V.

Les hommes qui tenaient Bêtinet, accourent sur le pont et cherchent à le découvrir. Ils demandent à l'homme qui a été heurté s'il ne l'a pas vu. Il leur montre la chaumière où il s'est réfugié : les hommes s'empressent d'y arriver. Ne voyant personne, ils frappent à la porte. Ma-

thurine passe la tête par l'œil de bœuf, et leur
dit qu'elle va descendre. Les hommes rient de
voir cette vieille femme.

SCENE VI.

Mathurine ouvre la porte ; les hommes lui
demandent si elle n'a pas dans sa chambre un
homme qui leur est échappé ? Elle leur répond
qu'il en est venu un, qui lui a fait tellement peur
qu'elle est rentrée en lui fermant la porte au
nez. Ils cherchent partout ; ne le voyant pas ,
ils s'éloignent et se dirigent du côté du moulin.
Mathurine se rappelle encore la peur que cet
homme lui a faite. (*On entend sonner cinq
heures*).

SCENE VII.

Elle appelle sa fille Georgette , qui arrive
aussitôt. Sa mère lui dit de préparer le feu pour
commencer à faire leur souper; elle range la
table et les chaises.

SCENE. VIII.

Georgette apporte du bois qu'elle dispose dans
la cheminée ; sa mère arrive avec une chandelle
allumée. Georgette la pousse et la lui éteint ; sa
mère la gronde et retourne la rallumer. Georgette apporte un soufflet; elles se baissent toutes
deux, l'une pour faire prendre le bois, et l'autre
pour le souffler. Quelle est leur surprise, de voir
deux jambes qui passent dans cette cheminée !
elles sont glacées d'effroi; et ne doutant pas que

ce soient des voleurs, Georgette va promptement
fermer la porte de la chambre, et en prend la clef
Ensuite Mathurine et Georgette se sauvent à toutes
jambes jusques dans le moulin. Les hommes qui
cherchent Bêtinet, l'aperçoivent dans la cheminée ; ils se hâtent d'aller le saisir. Au moment
où Bêtinet veut rentrer dans la coulisse , tous
les hommes fondent sur lui , et veulent lui lier
les mains.

SCENE IX.

Suret, André , Théodine et Georgette parais-
sent sur le pont, et font signe aux hommes de
ne pas lui faire de mal. (*Tableau*). Suret ne
peut revenir de sa surprise, en regardant la fi-
gure de son neveu, qui est toute noire. Georgette
l'instruit et lui apprend qu'il s'est fouré dans la
cheminée. Bêtinet fait un mouvement pour sauter
au col de son oncle ; celui-ci s'en éloigne avec
frayeur. André rassure Bêtinet, qui se jette à
ses genoux en le priant de persuader son oncle
qu'il a toute sa raison. Bêtinet se retourne à gauche,
et aperçoit Théodine ; il tombe à ses pieds, et la
supplie aussi de faire entendre à son oncle qu'il
n'est pas fou ; mais la réflexion de savoir qu'elle
n'ignore pas sa situation , le fait se relever
vivement : il s'éloigne d'elle , en lui faisant des
menaces. André dit à Suret qu'il connaît un médecin qui pourra lui faire recouvrer la raison.
(*Il sort promptement*). Pendant que quelques
hommes cherchent à s'emparer de Bêtinet, Georgette fait sortir les enfans qui sont dans la
chambre.

SCENE X.

Les enfans arrivent. Bêtinet est poussé dans
la chambre ; les hommes ferment aussitôt la porte.

Le petit garçon donne une chaise à Suret , qui s'assied en regardant les enfans qui ont l'air de le plaindre. Il les embrasse ; Théodine dit à son père de ne pas se chagriner ainsi. (*On entend du bruit*). Théodine court sur le pont ; elle aperçoit André , ainsi que le médecin qui n'est autre que Colin déguisé.

SCENE XI.

Ils descendent le pont pour aller dans la chaumière. Suret se jette aux genoux du médecin et lui recommande son pauvre neveu : il veut même lui faire accepter une bourse, que le médecin refuse aussitôt. Il espère être bien payé après l'entière guérison : il demande à voir le fou ; Suret lui montre où il est.

SCENE XII.

On ouvre la porte de la chambre ; Bêtinet sort promptement , et paraît très-en colère. Ensuite il regarde tout le monde d'un air étonné, surtout le médecin, qui lui paraît un drôle de personnage. Le médecin salue Bêtinet , qui le salue de même ; il le prend par la main , réfléchit un moment, et dit à Suret que tout espoir n'est pas perdu. Il est un moyen de le sauver, dit-il ; mais il faut faire ce que je vais ordonner, ou sans cela cet homme est perdu ! Il demande à écrire. Pendant qu'on dispose tout , le médecin dit à Suret de prendre patience. Ensuite le médecin écrit ces mots : *l'Amour cause sa folie, l'Hymen le guérira*. il faut, ajoute-t-il, le marier. Suret observe qu'il ne pourra trouver une fille assez courageuse pour épouser un homme dans un pareil état. Le médecin prend la main de Georgette, et la conduit près de Bêtinet. Georgette, qui croit qu'on veut la marier à ce fou, se sauve à toutes jambes. Bêtinet se met en colère, Suret feint d'entrer dans la chambre; Bêtinet, qui veut lui parler, court après lui. Suret ressort vivement, ferme la porte et laisse son neveu en dedans. André engage Suret à rassembler les filles du village, et à leur offrir une dot. Suret y consent et sort, en disant qu'il va faire venir un notaire. Il dit aux villageois qu'il va rassembler les jeunes filles du village, et faire venir un notaire. Il est bien aise, si une de ces villageoises veut épouser son neveu, de lui faire signer le contrat, en lui donnant une dot de mille écus. Le soldat et André entrent promptement dans la chambre où est Bêtinet. Théodine ne comprend rien au projet de son amant. Georgette sort du moulin; Théodine l'appelle et lui dit que Bêtinet est dans la chambre avec le médecin.

SCENE XIV.

Bêtinet arrive avec les habits de médecin, qu'André l'a forcé d'endosser. Colin, qui a les siens, veut les r'avoir; Bêtinet se fâche, veut courir après Colin : André le retient. (*On entend du bruit*). On fait entrer Bêtinet dans la huche.

SCENE XV.

Suret, le notaire et les villageoises entrent dans la chaumière. Le prétendu fou est assis sur une chaise, et feint d'avoir une crise très-forte. Suret dit aux villageoises que celle qui voudra épouser son neveu recevra une dot de mille écus. Elles sont toutes bien contentes, mais elles veulent le voir de près, avant de signer le contrat. Le prétendu fou leur fait de si vilaines grimaces, qu'elles n'osent plus l'approcher : toutes refusent, malgré la dot. Théodine se présente pour l'épouser. Son père, qui était loin de s'attendre à une telle demande, refuse de la marier à son neveu. Sa fille le conjure de se laisser attendrir. Colin, voyant que rien ne peut le fléchir, se fait reconnaître, et tombe aux genoux du père de Théodine, qui, de son côté, attend aux pieds de son père le consentement qui va les unir. (*Tableau*). Tout le monde tourne la tête du côté de la huche, et l'on aperçoit la tête de Bêtinet. (*Tableau*) Suret ne peut s'empêcher de rire de leur ruse ; il embrasse les deux amans, et consent à les marier : tout le monde disparaît gaîment. Le théâtre change : la chaumière seule disparaît, et laisse voir un site agréable.

SCENE XVI et dernière.

Tout le monde reparaît, la joie la plus folle est peinte sur tous les visages... Les deux amans sont unis, on signe le contrat, et la journée se termine par une danse générale. (*Tableau*).

FIN.

IMPRIMERIE D'A. BERAUD,
RUE DU FAUBOURG SAINT-MARTIN, N°. 70.